DESESPOIR

DE MARIE ANTOINETTE,

Dans la Tour du Temple, demandant à faire divorce avec son mari, et à s'en retourner en en Allemagne; et les reproches du petit Veto à sa mere.

Un valet de chambre, *ouvrant la porte de M. Bourbon Veto.*

Monsieur, levez-vous; voilà des commissaires qui vous demandent.

M. VETO.

Que me veut-on?

Un Commissaire.

Nous venons, monsieur, vous faire souvenir qu'il n'y a plus de royauté en France, et qu'il n'y aura jamais de rois.

M. Veto, *se couvrant le visage avec ses mains*

Je suis perdu! je suis un homme entièrement perdu.

Le ci-devant Dauphin.

Voilà pourtant ce que c'est que d'avoir toujours voulu être aristocrate; malgré tout ce qu'on vous a pu dire; voyez, papa, l'état où nous sommes réduits.

M, VETO.

Et vous aussi, mon cher fils, vous voulez donc m'accabler.

Un Commissaire.

Monsieur, vous avez entendu le vœu de la république; nous nous retirons.

Antoinette.

Qu'est-ce qu'on vient de me dire, monsieur,

que vous n'étiez plus roi ! il y a déja un siecle
que je le sais.

M. VETO.

Oui, madame, rien de plus vrai.

ANTOINETTE.

Et vous le croyez, parce qu'on vous l'a dit,
vous êtes un bien pauvre sire.

Mlle. VETO.

Ah bien ! vous ne l'êtes plus, vous le rede-
viendrez.

M. VETO.

Jamais, mes enfans, jamais mon autorité est
passée dans les mains d'un peuple qui ne veut
plus de chefet qui veut désormais ne reconnoître
que l'égalité. Cette nouvelle loi vous prive
ainsi que moi de toutes les prérogatives dont
nous avont jouis jusqu'au jour de notre déten-
tion.

LE PETIT VETO.

On vous avoit bien dit que les Sans-Culottes
se lasseroient et vous détrôneroient.

ANTOINETTE.

Taisez-vous, morveu ; je ne cesserai de croire
au rétablissement de ma couronne que lorsque
ma tête sera tombée de mes épaules.

M. VETO.

Vous êtes dans une erreur bien grande.

ANTOINETTE.

Et tont cela, c'est de votre faute. Si vous
aviez voulu suivre mes conseils, nous serions
actuellement plus puissans que jamais ; nous
nous serions arrangés avec les autres couronnes,
et ussions-nous dû regner sur des cadavre,
nous aurions été les maîtres, nous sommes es-
claves pour le moment, mais cela n'en est pas
moins désagréable.

M. VETO.

C'est plutôt votre ambition qui a fait tout

nos malheurs. Ne valoit-il pas mieux écouter les plaintes d'un peuple irrité , que de vous occuper de tous les moyens de le perdre , de le livrer à vos bourreaux d'Allemagne ? qu'est-il résulté de tout cela ? une prison éternelle.

ANTOINETTE.

Et parce que la convention nationale a décrété que la royauté étoit pour jamais abolie en France, vous croyez qu'elle a le droit de vous ravir votre couronne, de réduire à rien toutes vos dignités ; encore une fois, vous n'êtes qu'un sot.

M. VETO.

Mais vous qui avez tant d'esprit, comment n'avez-vous point prévu tout ce qui nous arriveroit ?

ANTOINETTE.

J'avois mes raisons.

M. VETO.

O qu'il y a long-tems que l'on m'en a fait connoître une partie ! mais vos favoris, madame, sont morts ou émigrés : mon frere d'Artois ne vous courtisera plus ainsi que bien d'autres. Vous êtes réduite à votre mari, c'est vous dire tout.

ANTOINETTE.

Je sais à quoi m'en tenir là-dessus, monsieur, mais tout cela ne nous tire point d'embarras. Voyons, il s'agit de nous tirer de cette prison.

M. VETO.

Le tems des expédiens est passé, madame, nous n'avons plus d'autre ressource que dans la générosité de la nation.

ANTOINETTE.

Je vous conseille d'appeller générosité le plus affreux des brigandages.

M. VETO.

Quoi, lors même que la nation vous accorde

encore une existence que vous cherchiez à lui
ravir ; vous osez la calomnier.

ANTOINETTE.

Je l'abhorre, je la déteste, je voudrois pou-
voir l'égorger tout entiere et me détruire moi-
même, quand j'aurois manqué de victimes ou de
poignards.

LE PETIT VETO.

Ah maman ! fi, que c'est vilain de penser de
la sorte : vous êtes bien coupable, mais je ne
vous aurois jamais cru d'un aussi mauvais carac-
tere. Cela n'est pas bien du tout.

ANTOINETTE.

Je te renis pour mon fils, et il ne tient à
rien que je ne te fasse sentir toute ma colere,
monstre que tu es !

LE PETIT VETO.

Oh ! vous pouvez faire tout ce qu'il vous
plaira, je n'ai pas peur de la mort, j'en ai déja
assez vu. D'ailleurs, si vous me tuez je ne serai
pas le premier François qui aura été égorgé
par vos ordres. Voilà mon sein, madame, vous
n'avez qu'à frapper.

M. VETO.

Eh bien, madame, cet enfant vient de vous
dire la plus grande verité ; oui c'est à vous que
nous sommes tous redevables de notre perte.
Vous n'avez jamais songé qu'à vous. Vous n'avez
cherché que vos interets, vous n'avez envisagé
que votre propre satisfaction ; le bonheur de
l'empire François a toujours été le moindre
de vos soucis ; vous n'avez cessé de croire un
seul moment que tous les hommes étoient faits
pour vous servir ; vous avez appauvri le royaume
dès le moment que vous avez été sur le trône.
Vous avez dilapidé nos finances pour subvenir
à toutes vos folies ; vous avez dépensé avec la
plus grande prodigalité, vous avez tout gaspillé
tandis que je vivois de la plus grande éco-

nomie, vous nous avez perdus … je vous le répète, vous êtes la seule cause de nos disgraces.

A N T O I N E T T E.

Eh bien ! j'en suis au comble de la joie, et mon seul regret est de n'en avoir pas fait plus. Mais, patience, ils n'en sont pas encore au bout.

M. V E T O.

Beaux sentimens ! Est - il possible qu'une femme puisse renfermer dans son cœur autant de perfidies, d'atrocités, de noirceurs ; mais vous êtes un monstre sorti de l'enfer. Vous n'êtes point mon Antoinette ; je ne vous puis reconnoître pour ma femme.

A N T O I N E T T E.

Que m'importent vos beaux sermons ; je suis ce qu'il me plaît, et je n'atends que le moment de signaler ma vengeance. Votre assemblée a décrété le divorce, eh bien ! je veux divorcer, je veux rompre avec vous, je veux vous laisser souffrir seul. D'ailleurs, je commence à m'ennuyer très-fort de ce séjour. Je crois qu'on ne me refusera pas les moyens de m'en retourner dans mon pays.

M. V E T O.

Voilà encore une grande erreur. Ne pensez pas, Madame, que l'on vous facilitera la sortie de la France. Vous êtes même ici plus en sûreté que par-tout ailleurs. Mettez, si vous le pouvez, le pied dans la rue, et tâchez de maintenir la colere du peuple, je vous en défie.

A N T O I N E T T E.

O Ciel ! Antoinette d'Autriche prisonniere et sans vengeance ! Non, tôt ou tard, je récompenserai les soins de ma geoliere… Ah! si je pouvois les faire périr !

M. VETO.

Monstre ! je t'ai aimé , je te déteste ; je t'ai chérie , je t'abhore ; je t'ai tout sacrifié , prends garde que je ne t'écrase , que je ne t'étouffe , que je ne te déchire moi-même , et que je ne jette au peuple irrité ton corps , morceau par morceau. Infâme Autrichienne , opprobre de ton sexe , la honte de la nature , fuis de ma présence , je serois encore plus criminel si je la souffrois d'avantage

Mlle VETO.

Arrangez-vous comme il vous plaira , moi je je reste avec maman , et je partage son opinion.

LE PETIT VETO.

Vous n'en faites pas mieux pour cela ; et si à l'âge où vous êtes , vous montrez d'aussi mauvais sentimens , que ferez-vous quand vous serez maîtresse de vos actions ?

Mlle VETO.

Ce qui me plaira , Monsieur.

LE PETIT VETO.

Oh ! c'est une autre affaire ! dites plutôt ce qu'il plaira aux autres que vous fassiez.

Mlle VETO.

Je vengerai ma chere mère , ma tendre mere de tous les attentats commis contre elle.

LE PETIT VETO.

Ne dites pas cela bien haut , mademoiselle. Je sais qu'on en a fait mourir de moins coupables que vous.

Mlle VETO.

Ils n'oseroient.

LE PETIT VETO.

Je suis plus jeune que vous , et cependant j'ai sur vous un grand avantage , c'est que je raisonne juste, et que vous parlez comme un enfant qui, s'il pensoit tout ce qu'il dit, seroit un jour le plus mauvais sujet du monde.

Mlle VETO.

Un mauvais sujet ? vos impertinences me poussent à bout.... il ne tient à rien que je ne vous donne un soufflet.

M. VETO.

Ce ne seroit pas devant moi, ma fille. Tout enfant qui ne respecte pas plus son pere que vous ne le faites, ne vaudra jamais rien.

ANTOINETTE.

Vils roturiers, pere et fils, vous ne valez pas mieux l'un que l'autre ; l'un n'etoit point fait pour regner, l'autre se montre indigne du trône.

LE PETIT VETO.

Madame, le trône ne fut jamais que le siege du crime. Tous les rois ont été, ou foibles comme Louis le débonnaire, ou fins comme François premier et Henri quatre, ou faux comme Louis onze, ou incestueux comme Charlemagne, ou politiques et cruels comme Louis treize, ou libertins comme Louis quinze, ou tyrans comme Louis quatorze. Je sais bien que mon pere n'a jamais su regner ; je sais qu'il a commis des fautes énormes ; je sais qu'il a tout fait pour vous ; je sais encore que si jamais j'avois été roi, je ne me serois point comporté comme mes ancêtres ; mais le peuple, fatigué de vos malversations, a prononcé le grand anathême sur la royauté. J'aime mieux être un bon citoyen qu'un méchant prince.

ANTOINETTE.

Tu ne seras jamais qu'un être sans ame et sans cœur.

LE PETIT VETO.

J'aimerois mieux être le plus lâche des animaux que le plus méchant des hommes, et je le deviendrois bientôt si je voulois embrasser vos principes. Mais non ; votre infortune et la mienne m'ouvrent les yeux. J'ai vu l'abime des maux, j'en sortirai à ma gloire ; je serai honnête homme. Malheur à quiconque a abusé de la crédulité ou de la confiance des peuples pour leur nuire !

M. VETO.

O mon fils ! quelle leçon pour les rois !

LE PETIT VETO.

Mon pere, ils n'en profiteront jamais que quand ils seront dans le malheur ; mais alors il sera trop tard.

M. VETO.

Quel coup pour moi !

LE PETIT VETO.

Mon pere, j'en conviens, mais à mon âge on ne peut dissimuler la vérité. Au vôtre l'on peut profiter, non pour régner, mais pour être honnête homme. Je vous dirai plus, c'est que ce n'est qu'un repentir sincère qui peut vous rendre moins malheureux ; car pour recouvrer l'estime des Français, je ne crois pas qu'ils vous la donnent.

M. VETO.

Ah ! je n'ai que trop mérité ces reproches cruels. Je suis confus ; mais que je suis coupable.

GIRARDOT.

De l'Imprimerie de FERET, rue du Marché-Palu, vis-à-vis celle Notre-Dame.

www.ingramcontent.com/pod-product-compliance
Lightning Source LLC
LaVergne TN
LVHW021818060726
842528LV00004B/1402